바람 가고 나도 가네

이 도서의 국립중앙도서관 출판예정도서목록(CIP)은 서지정보유통지원시스템 홈페이지(http://seoji.nl.go.kr)와 국가자료종합목록 구축시스템(http://kolis-net.nl.go.kr)에서 이용하실 수 있습니다.
(CIP제어번호 : CIP2020041624)

지혜사랑 223

바람 가고 나도 가네

星田 김명환

지혜

시인의 말

중1 때 문예반 뱃지를 달고 자랑스러웠다

그때부터 내 몸에는 훌륭한 시인들의 명시 틈에서 나의 졸시拙詩가 움터 왔을 게다

일제 강점기에 태어나서 해방과 양분된 겨레와 국토, 6 · 25전쟁의 참상 등 애리고 쓰린 바람 속에서 풀 이파리처럼 비틀거리며 평화로 하나 되는 날을 기도하면서 이 땅의 오늘 하루가 평안함을 감사드리며 산 넘고 물 건너 예까지 왔다

80이 넘은 만학도가 시집 한 권 내도 못하고 시인이 되어 미안하게 기뻤기에 풀잎이 흔들리며 서걱대는 소리, 매일매일의 기도와 감사송을 묶어 들어 내고 싶었다

나 홀로 읽고
살며시 지우면서 그렇게 혼자서 쓴 시
지우다 못 지운 시를
소중히 엮었다

나의 시를 좋아해 주시던 대부 김정기 사무엘 교장선생님, 투병 중인 선생님께 드리고 싶은 마음이 급하다

2020년
시인 星田 김명환

차례

2부 찬미합니다

3부 스치는 바람

4부 눈이 내리면

• 일러두기

한 연이 첫 번째 행에서 시작될 때는 > 로 표시합니다.

1부

심우의 소리

심우정사

여기 심우정사에
오가는 이여
언짢은 것 모두 다 두고 가게나
터지는 분통도 두고 가게나

한 밤중
소 울음 소리 들리나

당신이 잃은
당신의 소리

찾고 가는 이여
고삘랑은 두고 가시게

어차피
찾아오는 심우의 소리

순종의 물방울

우주와
육신의 신비여

그 신비의 단초를 만드신
그분 앞에 엎드려
그분 따르는 대열로
물길 따르는 한 마리 물고기입니다

아산我山이 무너진 자리에 부는 바람
그 앞에 한 포기 풀잎입니다

진실불허眞實不虛 그분 뜻 따라
사랑의 강물에 합류하는
한 알의 물방울입니다

합장合掌하는 순종의 물방울입니다.

백사장

발자국은 없어진다
백사장엔
파도 소리뿐

밀려왔다 밀려가는 물
알갱이들
그 처음과 끝을 알 수 없다.

왔다 가는 이
기억하는 이 없어도

그림자가 동편으로 길어질 때까지
가끔은 손사래 춤 섞으며
밭은기침 노인답게
휘적휘적 얼씨구
백사장을 걸어가 보자.

모래가 변하면 사암砂岩이 되고
바위가 변하면 모래가 된다는데
내가 변하면 무엇이 될까
물 알갱이 하나 될까

신두리 사구

신두리에 가면
만날 수 있다

부처님 발바닥 같은 모래 언덕
바쁠 것도 없이 파랗게 춤추며 노래하는
파도 소리를

서산 용현계곡 어느 바위는
정을 맞고 마애삼존상 되어
천년 세월 미소로 계시는데

신두리에 가면
많고도 많은 바위들이
모진 세월의 정을 맞고
깨지고 부서지고 갈리고
바닥으로 바닥으로 굴러내려 오며
걸친 것 하나 남기지 않고 다 내주고
성불이란 말도 훌러덩 벗어버린

지금 신두리에 가면
몸도 보시 보시
가루가 된 부처를 만날 수 있다

>

운수 좋은 날은
뒹굴며 모래와 노는
애기들도 만날 수 있다.

돌덩이

춤추는 노부부 문양석
부엉이 가슴 문양석
돌덩이에도 이름 붙이며
소립자의 무정설법을 조르네

부처되는 날
기다리며
쓰다듬는 손길

돌의 체온

언제 성불하나

나의 재산을 사기쳐 자신 놈들, 나를 무시하고 능멸한 자식 같은 년하의 원수 같은 년놈들, 나를 해치려는 자들에게 처참한 되돌림의 타오르는 복수심에
심원해자 심애호深怨害者 深愛護

분탕질하며 즐기고 싶은 저 웅덩이 아래 음침한 간음의 대가리에
마음으로 간음한 자의 속죄贖罪

복권 당첨, 돈벼락, 큰 횡재로 아들 딸들에게 강남 아파트 하나씩, 성당건립기금으로 수억 원 익명기부, 쓰고 싶은 데에 하하히히거리며 마구쓰고 싶은 허욕에
금욕禁慾

그럴듯이 포장된 늙은이의 잔인 방탕 음흉 욕심 악의 검은 속내를
탁탁 털고
확확 뒤집어
훨훨 날려 버리고

언제 성불하나
언제 하느님의 착한 양 되나

되돌이표

되돌이표만 있고
마침표가 없는 길
그런 길을 가고 싶다

삼천궁녀 낙화암도 잘농곤의 춤 그리스 에피루스* 언덕도
육로의 끝이
수로나 해로의 시작임을
나루지기나 부두꾼에 물어보면 알았을까

생사의 길은
불생불멸인가
영생부활인가

떠가는 구름도
불생불멸
물 알갱이

* 1803. 12. 18. 그리스 에피루스의 계곡 그리스 여인 57명이 터키인들에게 붙잡히기 보다는 여기서 죽음을 택했다. 그들은 원을 이루어 춤(조국에 대한 열렬한 사랑,잘롱곤의 춤)을 추며 강물로 뛰어 빠져 죽었다는 전설 같은 이야기.

부처

잘 한다
개구리
점프

구렁이 아가리로
개구리
점프

개구리도 구렁이도
다皆
부처라네

하늘을 본다

검은 구름에서
검은 비 내리고

하얀 구름에서
하얀 눈 내리고

개인 하늘에서
해와 달과 별, 빛으로 내린다

하늘에서 내린다
어둠에서 땅에서 빛을 받으며
비를 맞으며 눈을 맞으며
올려보고 산다 하늘을

마지막 물방울의 순례

푸르던 시절의 물
최잔고목摧殘枯木의
마지막 한 방울
모든 산 것들이 마지막 한 방울
가을엔 털구름 털쌘구름
여름엔 쌘구름 쌘비구름되어
하늘을 방랑하다
한줄기 비로 내려와
꽃과 풀과 나무
뛰고 날고 헤엄치는 젊음을
두루 관광하다가
최잔고목 남기고
다시 마지막 인사도 없이 떠나
이번엔
어데로 가는가

관음봉 산정에서

관음봉 산정
언제까지 여기 머무를 수야 있나

내려가 한 판
비워 보세
미움

연리근 친구는
날마다
'어찌 이리 좋은가'*
노래하는데.

* 친구 정구조 시인의 시집.

심우尋牛의 소리

새소리
물소리
바람소리

바람소리
물소리
새소리

심우정사尋牛精舍
소 찾는
소리

롤롬보이 안드리아 성당 *
눈물 방울 떨어지기 직전
예수님 눈망울에서
크고도 슬픈
소의 눈을 보았네

* 필리핀 롤롬보이 소재 김대건안드레아 성당.

개심사

목화구름이 한 장의 지도 위를 날고 있는 한여름 낮
개심사 반야심경 독경소리와
이 나무 저 나무에서 매미들의 구애송求愛頌
화답하는 듯 경내를 맴도는데

털어버리지 못하는
마음의 시비양단是非兩端
일주문一柱門으로 활짝
열리는 날 언제인가
내 마음의 빗장
비밀번호를 잊었네

간월암

바다가 떠받친 섬 간월암
안에는 목탁소리
밖에는 파도소리

궁을문
대웅전 지장전 용왕단 산신각
일상 부딛쳐 아픈 가슴 여미며
건강 부귀 풍어 행복
백팔배에
부처님 얼굴 보름달 되고
보름달은 부처님 얼굴
간월암 달 보다가 문득 깨친 무학이

손가락 아니고 달을 보라는데
달이 물 위에 떠 있다
섬, 달

안에는 독경소리
밖에는 파도소리

길

걸어 온 길
때로는 모닥불 옆에 멍석 깔고 누워
별을 헤아리고

가야 할 먼 길
문 없는 큰길*
자면서도 벗지 못하는 나의 짐

황천길 교차로 고비마다 넘긴 한 마디
길의 끝은 끝이 아니고 되돌아감이라고

내가 좋아하는 길
산길, 들길, 오솔길

일주문 지나고도
안갯길
벗지 못하는 나의 짐

* 문 없는 큰 길 : 충남대학교 한문학 교수. 창애蒼崖 김순동金舜東 선생님이 수재 김명환에게라고 서증해 주신 휘호 대도무문 揮毫 大道無門.

바람 가고 나도 가네

파아란 하늘
하이얀 구름
바람이 가고 있네

내 마음 바람되어
하이얀 구름 타고
파아란 하늘 날아가네

파아란 하늘
하이얀 구름
바람 가고
나도 가네

당신답지 않아요

구름이 왜 가릴까
마음이 창공이라

파라아제

세포로 포장하고
대기가 감싸고
태양계가 거느리고
유영하며 달려간다

자전하며 공전이라
굉장한 속도다

시계방향
같은 방향이다
해가 뜨고 지고
들리는 소리 없다

아제 아제 파라아제
더 높은
곳을 향하여
잘도
돌아간다.

하늘과 바다와 들판

하늘 같은 사람
바다 같은 마음
들판 같은 가슴

하늘에는 해와 달과 별과 구름
그리고 새들

바다에는 고래가 물을 뿜어 올리고 파도가 오가고
물고기떼와 해초와 산호

들판과 산과 언덕과 강
그리고 짐승과 나무와 풀

하늘 같은 사람이 좋아라
바다 같은, 들판 같은 사람이 좋아라
하늘을 닮아 바다를 닮아
들판을 닮아 좋아라

내 좋아하는
하늘 바다 들판
그리고 하늘 닮은 사람

자화상
— 암자에서 성당으로

계룡산 삼불봉 심우정사尋牛精舍
목초牧樵스님과 성전거사星田居士 곡차 들며
소 찾는 이야기 소주 대두병이 바닥난다

성전이 껄껄 웃으며
질량불변의 법, 질량보존의 법이 곧
반야임을 아시는가 하니

목초 실눈으로 피씩 웃더니
"무에 쫌 아능기요"
화선지에 걸터앉아 휘호를 내리 꽂는다
산상수의山像水意*

해는 삼불봉 넘어가고
목초 홀로 남겨둔 채
휘호揮毫 한 편 걸러 메고 비틀거리며
하산을 서둘렀다
나 아니면 헐벗을 아내와
눈 앞 거미줄처럼 아롱거리는 아이들

몸통에 달려 있어야 할 가지枝 하나
몸통 찾아 헤매지만

대인大人**의 길 멀고
하늘은 너무 높고

거울을 닦고 닦으며 들여다보아도
거죽은 부처 같건만
처자 두고 부처 어찌 되겠는가

서산 예천동성당에서***
허리 굽힌 백발 성전
먼지처럼 쌓인 죄의 용서
남북의 통일
아내와 자식, 가난한 이, 병든 이의 건강과 행복을
기도드리는 손, 손만 남은
자화상

* 鷄龍高於古今像
錦江長於萬物意
爲星田居士法淸 甲子梅春 尋牛禪子 牧樵 ㅁ
(표구하여 서재에 걸었다.)
** 周易 乾卦 文言傳
*** 2007. 8. 15. 요셉으로 세례 받다

2부

찬미합니다

하느님 감사합니다.

— 천주교 예비신자 반에 입반하며

이 세상 관광하며
두 손 모아
감사드립니다

부모와 조상님께
만물의 창조주께

부모님 존함은 알고 있지만
창조주님 존함은 모릅니다

창조주님 존함을
하느님이라
오늘부터 하느님이라 부르겠습니다

하느님 감사합니다.

하느님

작아서 안 보이면
돋보기로 보지만

커서 안 보이면
무얼로 보나

가까이에선 너무 커서
멀리서도 너무 커서

안 보이는
하느님.

하느님 궁금합니다

하느님이 계실까
하느님이 어디에 계실까
하느님은 몇 분이실까
하느님은 어떻게 생기셨을까
하느님이 우주의 운행과 생명체의 생멸과
인간의 생사를 주관하시는가

생전의 세계와 사후의 세계가 존재하며
그 세계는 어디에 있는가

사람에게는 생사가 있고
하느님에게는 생사가 없는가

하느님을 믿는 이에게는 하느님이 계시지만
불교도나 이슬람교도나 무신론자에게도 하느님이
계시는가

하느님 궁금합니다.

안眼 이耳 비鼻 설舌 신身 의意로
지득 가능한 색성향미촉법色聲香味觸法
벗어난 존재는 부정하여도 맞는가요

하느님과 사람

하느님은 하느님 닮은
사람을 좋아하시고

사람은 사람 닮으신
하느님을 좋아한다

지극한 복종

지극한 복종 속에
뜨거운 구함이 있나니

하늘에 구할 때
하늘의 종복從僕이 되고

당신의 기도가 절실함은
그 복종이 크기 때문이리

꽃

꽃은 성의聖衣
꽃 속에서
사랑을 봅니다

찾아 헤매던
절대자의
처소, 꽃

사랑

잔잔한 호수에 '나'라는 돌멩이 하나
퐁당 떨어져 이는 사랑의 파고波高
거리에 반비례합니다

꽃보다 돌을 사랑하여도
강아지보다 꽃을 사랑하여도
어린아이보다 강아지를 사랑하여도
아무도 말리지 않아요

그런대로 사랑이 없으면
우리는 아무것도 아닙니다 *

* 코린토 신자들에게 보낸 첫째 서간. 13장 3절 중.

영광송

화사하게 피고 지고
청초하게 피고 지고
오묘하게 피고 지고

오월에 피는 꽃들은
산에 들에 광장에
오월에 가신 님들을 위하여
나즉이 울려 올라가네.
영광송으로

찬미합니다

꽃을 피게 하시고
또한 시들게 하심은
열매 얻어
다시 태어나게 하심이요

다시 태어남은 꽃 피게 하심이니
당신의 은혜를 찬미합니다.

당신은 그렇게 계십니다.

공空이요 선善이요 자비慈悲요 의지意志로
우주의 위에
우주의 안에
우주의 아래에 가득 찬
보이지 않는 입자로
그 입자들이 모여
보이지 않는 형체로
당신은 그렇게 계십니다

당신을
볼 수 있는 눈도
담을 수 있는 귀도
느낄 수 있는 감각도 없지만도
생각 속에
기억 속에
당신은 그렇게 계십니다

당신의 뜻이
저에서도 이루소서

땅에서도 이루소서

하느님은 보이지 않는 존재로 계시다가
기도하는 이에게
원願으로 감응하시어
모습을 드러내시나니

주님의 뜻이 기도를 통하여
하늘에서와 같이
땅에서도 이루소서.

성모님께 장미의 꽃다발을

사랑이신 어머니!
햇빛보다 더 밝고
눈부시게 아름다우신 성모님이시여!
저희 모두는 어머니를 사랑합니다.

장미의 계절 오월에
하늘의 여왕이신 어머니께
가슴 하나 가득
장미의 꽃다발을 바칩니다.

제게 그대로 이루어 지소서
겸손되이 주님의 종으로 모두 맡기시고
성령으로 잉태하신
성모님께 찬미드립니다

마리아님
크신 어머니 마음으로
예수님을 성전에 보내시고
때로는 잃어버리시고 애타게 찾기도 하시고
십자가에 못 박히시는 예수님을 대하시고 가까이서 보시며
가슴 찢어지는 통곡을 삼키신 성모님
당신께 천상 모후의 관은 지극히 합당한 영광이십니다

>

장미보다 더 아름다우신 성모 마리아님
감사와 찬미로
즐거운 마음으로
다소곳한 순종으로
주님을 흠숭하며
이기적 욕심 비우고
불목과 대립의 미움 끊어 버리고
겸허한 마음으로 사랑 가득히
이웃에게 다가갈 수 있도록
푸근하고 넉넉함을 주소서.

성모님은 저희보고 사랑으로 살라하시네요.
욕심 다 비우고
미움 다 끊어버리고 주님을 따라
사랑으로 살라하시네요

성모 성월
이 화사한 5월
성모님의 자녀들이
저마다 정성으로 드리는
장미의 꽃다발을
어여삐 여기시어 받아 주소서.

>

자비로우신 성모님!
당신의 미소와 순종과 사랑으로 꼬~옥
저희를 감싸 안아 주소서

성모님 뵈옵는 기쁨

— 성모의 밤에

아침 햇살에
홍조 띤 백합송이 보다
아름다우신 성모님

눈 덮인 산야
그 위에 내리는 눈송이 보다
순백하여 고우신 성모님

허허 공공
그 속에 명멸하는 별 보다
천상 모후의 관 칠보로 빛남이여

사랑의 성모 마리아님
뵈옵는 기쁨
가슴 가득 안겨 주소서

사랑의 꽃 장미의 계절
이 아름다운 오월
성모성월 성모의 밤

촛불 밝히고
사랑과 존경과 그리움 담아 어머니께

장미꽃 송이 송이 봉헌하나이다

태양보다도 밝고 꽃보다 아름다우신 성모님이시여
어려움에 처해 있는
저희를 위하여 늘 기도하시는 어머니시여
주님과 함께 성모님 뵈옵는 기쁨
저희 모두에게 아름 가득 안겨 주소서
성모님! 사랑합니다
부족한 저희 모두는 성모 마리아님을 존경하고 사랑합니다.

동해 일출

새해에 진사 친구가 보내 준 작품 동해의 일출
떠오르는 태양을 스톱시켜 보내 준 그림

저는 주님 안에 있아오며
주님은 제 안에 계시나이다
일출을 마주하여 버릇처럼 합장한다

새해 해돋이에서처럼
오늘도 어제와 같이
일출작품 햇님을 보며 두 손을 모은다

내가 그린 부처님 하느님

불경을 외우며 그린 부처님
성경을 읽으며 그린 하느님
부처님은 허허 하느님은 하하
내가 그린 부처님과 하느님은 눈이 둘 코가 하나 입이 하나 나를 닮았습니다
80여 성상 내가 그린 부처님 하느님은 어디에서도 만날 수나 뵈올 수가 없습니다 내가 그린 화폭에서만 뵈올 수 있습니다
또 다른 화폭에 나를 그려봅니다 입이 하나 코가 하나 눈이 둘 부처님과 하느님을 닮았으나 닮다가 만 내 얼굴
안 보이는 부처님과 하느님은 안 보이게 그려야 하기에
나의 화폭에서 지웁니다
지우고 나서 어렴풋이 보이는 부처님 하느님

성거산 성지의 꽃

성거산 성지에 피는 꽃은
그 사연 이루 다 말 못하고
아름답기만 하네요

꽃 보는 영혼에
꽃물 들이는
여기 성거산 이름 모를 꽃들이여
십자가의 길 처처 마다
거룩한 꽃

묵주알 한 알 한 알에
피빛 꽃물이 드네요

배교의 한 마디가 죽음보다 더 어려웠나니!

향심向心 기도

떠오르는 태양, 반짝이는 별들은
하느님 모습

울창한 숲과 작은 들꽃은
하느님 사랑

바람소리, 파도소리, 천둥소리
하느님 음성

코끝을 스쳐 지나는 바람에
실려오는 계절의 내음
하느님 향기

자비의 하느님
제 안에 임하시어
제 영혼 육신을 운전하소서

나의 고백

나는
공포의 6·25바이러스에 감염된
38선병線病 환자요.

수신제가를 우선하고
이타利他 그 다음은 무해타無害他. 그 척도를 다듬어 왔소
다음은 애민족이요

천주님께 성불과
죄의 용서와
이 땅에 다시는 6·25를 막아 주시라고
기도 드립니다

나는 주님 안에 있아옵고
주님은 내 안에 성령으로 계시나이다
떠오르는 태양을 향하여 두 손 모아
단전 안으로 끌어 들여 봅니다. 태양을!

주님께서 내 안에 계시는 내 육신은 성전이요 나는 하느님이요
나는 원래 부처임을 깨닫지 못하고 있을 뿐 부처입니다
하느님처럼 부처님처럼 생각과 말과 행동을 하는 것이 남

았습니다

그리고 내세를 걱정하지 않을 일입니다
변심 말고
꿈 속에서도 변심 말고
걱정하지 말 일입니다

돌을 사랑하는 사람

바위 좋아 산 오르고
모래 좋아 백사장 거닌다

돌 사랑하는 사람
초목과
짐승과 새와
이웃을 지고 간다

십자가 이듯 돌까지 지고 간다
사랑의 파고 돌을 안고 돈다

길 건너 어느 교회의 십자가

길 건너 어느 교회의 십자가는
어둠이 깔리기 시작하면
살바드로 달리*의 흘러내리는 시계처럼
목을 길게 늘이고 불쌍한 세상으로
보나마나
그 큰 눈에는 눈물 가득 떨어지기 바로
전일게다

길 건너 어느 교회의 십자가는
불륜 패륜 탐욕과 분노와
모조리 살상할 수 있는
핵과 핵의 대결의 어둠에서
사랑과 평화를 절규하며
온몸을 바알갛게 불태우며
보나마나
터지는 가슴일게다

먼동이 트이기 시작하면 빛을 잃는 달처럼
길 건너 어느 교회의 십자가는
종소리도 없이 조용한(적寂) 첨탑 위에 비켜서서
보나마나
안 보는 듯 다 보고 있을게다

어둠이 말갛게 살아지는 세상을.
자주색과 밝은 진홍색, 빛나고 깨끗한 고운 아마포를 입고
금은보석 진주로 치장하고 사랑을 노래하는 평화로운 세상을.
빛(조照)의 세상을.

* 살바드로 달리(Salvador Dali, 스페인의 대표적 초현실파 화가 1904~1939).

3부

스치는 바람

죽비竹篦

삼불봉 매달리다 손 놓은 바윗조각
깎이고 닦여 원융광택圓融光澤 몽당돌 되고
서산 운산 벼랑바위 석수의 정을 받아
백제미소 마애삼존상 되고
연자방아 물레방아 정미기에 돌고돌아
6분도 9분도 왕겨 등겨 껍줄 벗겨 현미 백미 되고

고통은 어깨 때리는 죽비
나쁜 영들은 태양의 육천도 표면을 지나 일백오십만도
이글 부글 끓는 중심을 지나야
한 줌 빛갈기로 어둠을 밝힌다

흔들의자

흔들의자 영감님
앞뒤로만 흔들흔들

두 눈의 눈 높이가
상하로 끄덕끄덕

좌우 양단 모두 막고
앞뒤로만 끄덕끄덕

실눈 속 비치는 영상
원근으로 흔들흔들

측은지심 끄덕끄덕
사랑으로 흔들흔들!

융합이 바로 보이나요
앞뒤로 끄덕끄덕

평화의 고향이 있나요
앞뒤로만 흔들흔들

정말 아시나요 모르시나요

앞뒤로만 끄덕끄덕

마음과 마음 열대어 내장처럼
훤이 보시나요
홍소로 흔들흔들
사랑으로 끄덕끄덕.

먼 산 바라기

바라볼 수도 없는 산
어이하나

이름만 불러보는
백두, 묘향, 금강.

어쩌다
꿈 속에서나 보고

그냥 앉아
그냥 서서
멀거니
그리운 산

또, 해는 지는데
먼 산 바라기
어이하나

물

아름다운 여인의 함박 웃음에 허리 굽은 눈물 방울
파란 연잎새 위를 구르다 멈춘 이슬 방울
만리 장강 물 많아도
시인의 가슴팍
목 마르다
3.8

소나무를 좋아한다, 나는

쏟아지는 별 밭에 귀뚤이 소리 들리면
푸르던 날 한 몸이던 잎새 낙엽으로 떨구어
이리저리 밟혀 다니는 보트피플 대열에 몰아넣고
벌거벗은 알몸으로 벌벌떨며 목숨 구걸하는 단풍나무, 은행나무,
벚나무, 오동나무, 도토리나무, 미루나무가 있는가 하면
서북풍 칼바람에 맞서 푸른 기상 불굴의 기개로
잎새 하나 다치지 않도록 지키는 절조節操
댓쪽 같은 충절의 선비 소나무가 있다

소나무를 좋아한다, 나는
소나무 노래, 솔잎, 솔방울도 좋아한다

한가위 송편에 묻은
조선 솔잎
하나씩 떼어내며 좋아한다

한여름
형수님 수제비 뚝뚝 떼어 넣을 때
불 때주는 도련님
청솔가지 태우며 형수님과 눈물 흘리던 추억
가슴에 안고

>

오늘도 나는
안개 속 그림 같은 산골마을 노송老松
풍성한 그늘에 앉아
바둑 한 수 두고 싶다

육추育雛

올려다 보면
해와 달과 하늘

내려다 보면
강과 바다, 해물과 해초

위 아래 오가는
가슴 떨리는
육추育雛
수백억광년 먼
푸른 별을 사랑하는 밀크 내음

주인첨지

80여 성상 함께 해온 몸 고맙다
노후차량 이것저것 고장나듯
성한 곳이 별로 없다
몸이나 차량이나 주인첨지 탓이리라

허나 나름대로 주인첨지는
몸의 적들을 막아내고 호구지책을 강구하고 구석구석 안이비설신眼耳鼻舌身을 위하여
머슴살이도 마다하지 않고 어느 때는 길을 잃기도, 어느 때는 갈지자로 걷기도 하는 사이 사이 자존감 높은 유혹을 받기도 했지
주인인 너 자신을 바로 보라
팔뚝 하나 없으면 어떠냐, 매달리지 말고 놓아버리고 그냥 혼자서 가라
차량을 내버리듯이 몸을 버려도 주인첨지는 불생불멸 영원히 산다!

주인첨지는 오늘 하루 너를 위해 산 것을 뗣어 하면서도 하루를 동거한 몸 너를 놓지 못한다

외상 지팡이

장강3협의 700계단 귀성鬼城도
간월암 승속僧俗으로 오가는 비탈길도
논현동 지하철 계단도
청려장靑藜杖* 명아주 외상지팡이
덕.

운전석 옆자리에 복스러운 강아지 둘을 태우고
인지면사무소 근처 노변공터 포터트럭의
목제 잡화행상 아줌마가 한사코 건네주며 하는 말씀.
“오늘 그냥 가져가고 돈은 내일 갖다 주셔유”

구름에 쌓여 와 지팡이 주고 바람처럼 가셨나
다음날도 또 다음날도 아줌마도 포터도 강아지도 그 자리에 만날 수 없는 세월

아는 사람은 다 안다
자동차 행상아줌마(그렇게 밖에는 아는 게 없다)에게 외상 값을 못 갚은 채 짚고 다니는
지팡이,
퇴근 후 면사무소를 거쳐 인지들판 돌아 볼 때마다 주머니에 잊지 않고 넣고 다니는
외상 값

지팡이 자랑 할 때마다 덧붙여 들려주는
예쁘장한 아줌마

들은 사람은 다 안다.
이웃집 닭 한 마리 값을 못 갚았다는 소크라테스처럼 내 유서의 한 구절
“청려장 지팡이 외상 값을 못 갚고 간다”

나는 우리 땅을 밟고 금강산도, 금강산 거쳐서 백두산도 가보려고 대청봉, 천왕봉, 백록담, 대둔산, 국사봉도 올랐다.
이제 와 아무리 몹쓸 허리 다리가 떼를 써도
길만 트이면 보따리 챙길 것도 없이
청려장 집고 기 쓰고 가 볼 것이다.
금강산도 백두영산 천지도.

유서에서 지팡이 외상값 삭제하는 날
아직도 못 갚았느냐는 친구들 안부 없어지는 날까지
이 세상 어디에서라도 잘 계시소
아줌마!
명아주나무 지팡이 청려장 들고 다니는 늙은이 보시걸랑
혼잣말처럼 한 마디 해 봐 주소

"외상"

* 청려장青藜杖은 건강과 장수를 기원하는 의미를 담은 장수지팡이를 말하는데 보통 1m 높이로 자라는 명아주라는 일년생 풀의 줄기로 가볍고 단단하다. 삼국사기나 경국대전에 따르면 통일신라시대부터 조선시대에 이르기까지 70세가 되면 나라에서 주는 지팡이 국장國杖이라 하고 80세가 되면 임금이 조장朝杖이라는 이름과 함께 하사한 것으로 청려장을 짚고 다니면 중풍에 걸리지 않는다고 하는 기록이 있을 정도 귀한 지팡이라고 한다(네이버 . 명아주 지팡이).

늙은호박

애호박이 어쩌다가 못 생겨서 줄기에 매달려 있어
태양을 닮고자 하얀 씨앗 금빛으로 숙성시키며 맷돌로 성숙하여
무서리 오는 날 씨호박, 늙은호박 되었네

장한 모습
해를 닮아 햇님 홍소, 햇빛무늬 주름살의 맷돌호박, 늙은호박
무서리 맞은 내 친구들 하나 둘 요양원에 가도
요양원 가지 않는 늙은호박
나 이제 늙어 햇빛 쪼이며 늙은호박 바라보고 바라보면
못난 내 소갈머리 씨알머리 부처 씨앗 될 것인지

여백 또한 그림이어라

여백은
하늘이 되고
땅이 되고
바다가 되고
눈 덮인 산야
또
때로는 강이 되기도 하나니

그리는 이가
남겨 놓은 여백
또한 그림이어라

달

도비산島飛山 섬이 날고
부석사浮石寺 돌이 뜬다

달이다
간월암看月庵의 화두

오늘도 절간을 나와
서산 무학로舞鶴路 먼 위를 나른다

스치는 바람

시간은 바람인가
나를 스쳐 지나간다

바람의 가운데 서서 흔들거림이
거래인지 여래인지

스치는 바람에
비틀대며 내가 간다

정지된 시간

별들이 하늘에서 내려와
인지仁旨 들판을 덮었구나
별 없는 하늘과
움직이는 것도 소리도 없이
정지된 시간
그것은
아무 생각없는 생각의 화폭

밤 어둠에 눈 감은 눈
둔당천 고운로에 펄럭이는 모시 두루마기
간월암 도비산 옥녀봉을 날으는 무학의 춤
별들이 내려와 앉은 인지의 들판을 본다

모두 정지된 밤
챙겨 준비하는 새벽을 본다

4부

눈이 내리면

아사달의 노래

물 불로 뭍과 바다가 바뀐 후
동해에서 해가 떠
바이칼호 너머로 지는 세월의
어둠 속에서
빛을 기린
씨알들
아사달阿斯達에 솟대를 세웠도다

그 씨알들 솟대 둘레에 모여
홍익인간으로 받들고 순한 양처럼 평화를 위하다
모두 빼앗기고
조선반도로 쫓겨난 겨레가 되었도다

빛이여
위대한 아사달의 씨알
텅 빈 솟대의 겨레
조선의 겨레를 위하여
아사달의 노래
북을 울리소서
가슴 메이도록
큰 북을 때리소서

처음처럼 하나로

피빛 얼룩 인고의 세월로 씻고
파란 잔디 펼쳐지듯
이제 화합으로 껴안는
너와 나는 본디 하나였다

남과 북 삼팔선을 넘나들며
날아다니는 새들
뛰어다니는 짐승들이 부러워
하염없이 뒤척이면서
하나로 돌아가야 함을 질러대노니

이제 저물어 가는 백발
더 어두워지기 전
금강산 일만 이천 봉 보고 싶다
백두산 천지도 가봐야지

아이야 가는 길 길섶
풀잎 하나라도 다칠세라
서로서로 보살피자
한반도 우리 모두는
본디부터 하나였으니
처음처럼 하나로

잘 살아보세

동강낸 허리 3·8선
수많은 동족의 피를 보고야
휴전선으로

휴전선 없애는 데
얼마나 많은 피 흘려야 하나

염원으로 와르르르 무너지게 하자
베를린 장벽처럼

형제끼리 서로 죽여
원수가 원수를 낳아 자자손손 원수가 되리니
용서와 사랑으로 끌어안아

휴전선 무너뜨려
형제원수 무너뜨려
독도 지키고
백두산 받들고

이산 눈물 거두고
우리도 하나로 잘 살아보세

숨은 노래

눈 감고도 보이는
너를
가는 귀 멀고도 노래하고 있다

잊을 수 없어 부르는 내 노래는
득음을 못해 못내
들려 줄 수 없구나

그리운 이여
그리운 이여

남으로 북으로 모두 들릴 수 있는
피 터진 소리를 얻지 못해
들려 줄 수 없는
나만의 노래

복숭아꽃 살구꽃 아기진달래

통일의 기도

하늘에는 밤새껏 은빛 별들이 빛나고

조국통일에의 기도가

새벽으로 저무네.

세계의 열강과 남북의 정치가들이여

사심없이 기도에 응답하라

주님

눈물과 화약내음의 어두운 골짜구니에서 이제 고만

화해와 평화의 햇살 아래로

꺼내주소서

좌우의 백발

오른손 잘못으로 왼손을 다쳤어도
왼손 잘못으로 오른손 데었어도
서로가 원수가 아니 듯

좌를 더 좌로
우를 더 우로 밀어제쳐
튕겨쳐 나간 고속도로 사고를 보라
서로가 얻을 것이 무에 그리 많은고

꽤 오래된
좌우의 백발
이제는 서로 합장하고 좌우간 용서할 수 없느냐
용서를 가르치는 선배가 될 수 없느냐

오른손도 왼손처럼 내 몸인 것을
왼손도 오른손이랑 내 몸인 것을.

덕수궁에서

한 오십 년 전에 와 본 덕수궁에
바쁜 길 먼 길 돌아 이제 다시 와 보니
소풍 나온 아이들
웃음으로 마주치는 눈에
통일도 못해 준 내 백발이
미안하다.

석조전 앞 벤치에 앉아
6·25전쟁도
엊그제 일본의 미야기현 지진도
저 아이들에게 오지 않게 하여 주시라고
늙은 심줄 두 손 모아 기도를 드린다.

수문장 교대식 북이 울린다.

5월

5월에는 뛰놀며 소리치며
자전거를 달리기도 하는 아이들과
초록색, 푸른색
춤추는 나무들
빨강 장미 백만송이
님에게 바치고 싶습니다

가신 님들께는
하얀 장미 백만송이
바치고 싶습니다

그 회향을 슬퍼할 수만은 없어
태양 아래
대지를 밟고 일어선
젊음들에게
갈채를!

복된 땅의 5월은
젊음으로
믿음직 합니다

넋 나간 사람들아 정신 좀 차리시오

핵이다 사아드다.
넋 나간 사람들아
정신 좀 차리시오

한라에서 백두까지
핵잿더미 폐허 위에
일본깃발 미국깃발 나부낀다
남한이 이겼으나
우리민족 씨가 말랐다.

넋 나간 사람들아
정신을 차려라

백두에서 한라까지
핵 잿더미 폐허 위에
중국 깃발 나부낀다
북한이 이겼으나
우리민족 씨가 말랐다.

넋 나간 사람들아
정신을 차려라
우리가 싸워 이겨도,

우리가 싸워 져도

이 좁은 반도에
작은 폭탄, 큰 폭탄, 방사포탄, 미사일탄
핵포탄, 사아드탄, 쏟아지는 불바다에
우리민족, 우리 아이들
죽고 병신되고 씨 말라 없어진 강토에
혹은 중국깃발
혹은 일본깃발
혹은 미국깃발
혹은 소련깃발
펄럭일 줄을 왜 모른다는 말이냐

남북한의 정치지도자들이여
넋 내 보내지 말고
정신을 차려라.
죽어도 우리 땅에서 전쟁이 나지 않게 할 의무가 있다.
조상과 후손이 우리에게 내리는 엄중한 명령이다!

6·25도 한번 없이
1989. 11. 9.
베를린 장벽 허물고

동서독 통일한 덩치 큰 독일민족 안 보이나

6·25 치렀으니 다시는 치르지 말고
한겨레여
3·8 휴전선에 베를린 장벽처럼 허물어진 기념비를 세워라
넋 나간 사람들아
정신을 차려라!

하얀 손의 슬픔

이웃간 도토리 키재기
지우자 용서하자 잊어버리자

좌우로 비틀거리며
이리저리 밟힌 상흔
떨쳐 버리자

오늘 여기
아직도 있으면서
남이여 북이여
하나 되어지라
하나로 이어지라고
기도뿐인 하얀 손의 슬픔이여.

슬픈 짐승

슬프디 슬픈 짐승
어미 떨어진 새끼 짐승

일어섰다 엎어지고
일어섰다 쓰러지고

안아 줄 엄마
업어 줄 아빠 모두 어딜 갔나

너의섬 갔나
둘이 싸우러 너의섬 갔나

대합실

팔월 보름 단 대목
모두 떠나가는 대합실 의자에
떠날 줄 모르는
실향의 주름살

막혔던 터널을 뚫고
고향 찾는 날
그날이 오면
대합실은 하얀 손수건 흔들어 보내 줄 것이다

무등산 안개꽃

절규하는 함성
무등산 안개꽃
고부는 예서 또 몇 리인가

뭉쳐서 뭉쳐서 이루는 장거
무명옷 모시옷의 정의
돌로 섰네 입석대

단결과 용기로 또 다시
피어나고 피어나느니
하얀 피의 꽃
무등산 안개꽃

눈이 내리면

듣느냐 눈이 내리면
바이칼호에서 장백으로
금세 달려오는 말발굽소리

빼앗긴 강토 뒤로 하고
짐승 울음소리로 바람쳐 내려온
선인仙人의 후예들아

이제사
인고의 언덕을 넘어
분단의 어둠을 뚫고
천하가 하나되어 눈이 내리면

보느냐 백의의 후예들아
풋풋한 들판 고향 내음으로 일어서
솟대 세우고
덩더쿵 춤사위
그리던 꽃잔치를

산山

— 촛불을 보며

산은 하늘을 향하여
발돋음하는 땅
크다.
높다.

하늘을 좋아하는 산
산을 닮은 사람
산 같이 크고 산 같이 높은
그 한 사람大人을
그렇게도 만나기 어려운고
통으로 모셔
동상을 세우고 헌화하고
경배드려 보았으면

이 어찌된 일인가
서글픈 민초들의 촛불
들고 일어난 횃불

동해물과 백두산이 마르고 닳토록
하느님
이 나라를 보우하소서

코로나19

사람과 사람이 서로 기대고 도웁는 모습의 사람인人자를
그냥 두고 못 보는 코로나19는
문병도 문상도
문안도 악수도
인간의 어떠한 모임도 허용하지 않는다

잘 생긴 코와 입을
그냥 두고 못 보는 코로나19는
인간의 드높이는 콧대도
정객의 입까지도
마스크로 싸매어 가리게 한다

그러나
방제복의 천사들과
구석방의 나홀로 합장기도 앞에서는
코로나19
오금을 못 펴고 줄행랑 친다네

김명환

김명환 시인은 1935년 대전 학하동에서 출생했고, 진잠초등, 대전중학교, 대전고등학교, 충남대학교 철학과를 다녔다. 10년간 공직 생활을 거쳐, 1971년부터 법무사로 종사했으며, 젊은 날 늙으면 꽃지에 살리라 했던 서산으로 2005년 황혼이사를 했다. 2016년 『한국문학시대』로 등단했으며, 대전문인총연합회 회원으로 활동하고 있다.

이메일 : kmwh1209@hanmail.net

김명환 시집

바람 가고 나도 가네

발　행 2020년 10월 7일
지 은 이 김명환
펴 낸 이 반송림
편집디자인 김지호
펴 낸 곳 도서출판 지혜 • 계간시전문지 애지
기획위원 반경환 이형권
주　소 34624 대전광역시 동구 태전로 57, 2층 도서출판 지혜 (삼성동)
전　화 042-625-1140
팩　스 042-627-1140
전자우편 ejisarang@hanmail.net
애지카페 cafe.daum.net/ejiliterature

ISBN : 979-11-5728-415-3 03810
값 9,000원